UNE RUE DU CAIRE

L'ÉGYPTE MODERNE

I

Quiconque visite pour la première fois la vallée du Nil est frappé — chose unique dans l'ethnographie — de la profonde ressemblance de ses habitants actuels, Coptes ou Fellahs, avec ceux qui figurent sur les plus anciens monument de l'Egypte. Jusqu'à nos jours, à travers les siècles, le type original et primitif du peuple des Pharaons s'est conservé intact, en dépit des invasions des Hyksos, des Ethiopiens, des Assyriens, des Perses, des Grecs et des Romains, des Arabes et des Turcs. Il n'y a pas d'autre exemple de cette persistance de l'atavisme exprimé par la physionomie et la stature dans toute l'histoire de l'humanité. Où reconnaître en effet aujourd'hui dans les Grecs de notre temps ceux d'il y a deux mille cinq cents ans, qui étaient grands, forts, taillés en athlètes comme Hercule? Un savant ethnographe, Fallmerayer, prétend que les Hellènes de notre siècle n'ont pas dans leurs veines une goutte du sang des Athéniens de Périclès ou des Lacédémoniens de Lycurgue. Les Romains de la Campagna n'ont presque plus rien dans leurs traits des vieux compagnons des Scipions ou de ceux de leurs lointains ancêtres représentés sur les médailles. Chez les Égyptiens, au contraire, l'identité physique est absolue. Elle se constate tout particulièrement parmi les Coptes du Nil, dont le nom même rappelle leur origine (Kypt, Gypt). Leur langue est, d'ailleurs, surtout dans les textes actuels, à peu de chose près la même que celle des anciens écrits hiératiques. Cette perpétuité des caractéristiques raciales chez les populations égyptiennes s'explique par différentes causes. La plus remarquable est, suivant quelques biologistes, l'extrême pureté du sang, qui ne s'altère même pas dans les enfants issus de mariages mixtes quand la mère est égyptienne. Au bout de deux générations le type reparaît dans toute son impeccabilité, que le père soit Turc ou Européen. Rien en définitive n'a eu de prise sur l'atavisme de ces Coptes, qui ont résisté au terrible flot arabe submergeant le pays. Ils sont encore aujourd'hui un peu moins d'un demi-million d'âmes ; ils vivent à l'écart, principalement dans le haute Égypte, aux alentours de Kouft (l'antique Koptis), de Louqsor, d'Esneh, de Denderah, de Girgeh, de Takla, de Siout, d'Achmin et dans le Fayoum ; ils sont artisans ou plutôt artistes professionnels, horlogers, orfèvres, joailliers, brodeurs d'or, copistes d'enluminures, dessinateurs, quelquefois comptables ; très intelligents, leurs qualités les signalent aux administrations, aux autorités qui leur confient, le cas échéant, des fonctions officielles. Cependant leur instruction est faible, leur naturel a dégénéré : tandis que leurs aïeux se montraient forts et indépendants, ils sont devenus rampants et serviles ou bien, suivant les occasions, hautains et despotes, en même temps que cupides.

A côté des Coptes se placent ethnologiquement les Fellahs, mais ceux-ci diffèrent de ceux-là tout d'abord par la croyance ; les Fellahs se sont de bonne heure convertis à l'islamisme ; les Coptes, jamais. Les Fellahs n'ont pas seulement abjuré leur culte, mais leur langue ; ils parlent arabe, et ce sont les Arabes qui leur ont infligé un nom qui est comme une appellation donnée à un troupeau (*Fellahin*, paysans, de l'arabe *Fellaha*, labourer). Ils composent les trois quarts de la race égyptienne proprement dite. Leur soumission aux vainqueurs ne fit qu'encourager ces derniers à rendre plus lourd le joug sous lequel ils les écrasaient. Sous les Ommiades, les Abbassides, les Fatimites, les Eyoubides, les Mamelouks, même sous la dynastie actuelle, ils ont toujours été en proie aux exactions et aux oppressions, gagnant à la sueur de leur front l'argent qu'ils payent sous toutes formes d'impôts et de charges au khédive, aux pachas, aux moudirs, aux effendis, aux cheiks, pressureurs et rapaces. Ces Fellahs sont plus malheureux que n'étaient les castes inférieures sous les plus cruels Pharaons. Ils gîtent dans des huttes faites du limon du Nil et n'ayant qu'une seule pièce étroite où s'entassent gens et bêtes. Ces demeures misérables abritent les descendants des anciens maîtres des Grecs, réduits maintenant au pire des esclavages. Ils étaient huit millions quand les Arabes conquirent l'Égypte. Leur nombre a diminué de moitié et décroît successivement.

Le type copte est de sang pur, le fellah dérive du croisement avec l'arabe. Quant à la race arabe sans mélange, elle est représentée par les Bédouins (de *Bedou*, nomade). Isolés dans leurs déserts, ils y ont gardé précieusement et jalousement leurs mœurs, en se défendant par tous les moyens contre les atteintes de la dégénérescence : coutumes, langue, visage, tout chez eux est resté tel qu'au temps d'Abraham. Leur vie est exclusivement patriarcale. Ils se subdivisent en tribus, celles-ci composées de familles ; chaque chef de tribu est le maître sans contrôle, exerçant sur tous une autorité absolue. Ils pratiquent les vertus antiques : hospitalité, magnanimité, fidélité. Loin des villes, ils n'en connaissent ni les vices ni la corruption, qui n'ont pas encore contaminé leur simplicité. Sobres, se nourrissant presque exclusivement de dattes, de miel, de riz, auquel s'ajout rarement de la viande de mouton, ils conservent toute la primitive endurance et la santé que donnent l'abstinence et la tempérance régulière. La mâle beauté de leurs traits s'accuse en des lignes d'une expressive finesse. Le front haut, l'œil plein de flamme, le port noble, tout en eux contraste avec le maintien humble et déprimé du Fellah qu'ils ont asservi.

II

Si l'Egypte ancienne se reconnaît encore dans les descendants de ceux qui la peuplaient sous les Hyksos, les Pharaons et les Ptolémées, elle est entièrement disparue en ce qui concerne les institutions. On ne retrouve de celle-ci le souvenir que dans quelques-uns des monuments séculaires restés debout comme les pyramides, le sphinx, le Serapeum, ou dans ceux qu'on exhume au cours des fouilles encore inachevées. Il en est de

VILLAGE FELLAH

même de l'Egypte des Mameluks. Celle que nous avons aujourd'hui sous les yeux n'a plus rien de commun, du moins en apparence, avec la barbarie qui existait au commencement de ce siècle. La civilisation a régénéré ce pays, la culture intellectuelle y est, au Caire et à Alexandrie par exemple, presque aussi raffinée qu'à Paris et la diplomatie des Khédives peut comme distinction et comme habileté, rivaliser brillamment avec celle des autres États. Ce peuple a fait en moins de cent ans des progrès considérables; il a un gouvernement dont le mécanisme vaut celui des grandes puissances, et quoique ses liens avec la Turquie ne soient pas tout à fait rompus, quoiqu'il se trouve sous la protection anglaise qui est une domination, il vit de sa vie personnelle. L'ouverture du canal de Suez l'a mis en contact avec toute l'Europe économique. Sous ces multiples influences ses mœurs se sont modifiées en s'harmonisant avec l'évolution sociale de notre époque. Il peut s'enorgueillir de ses lettres et de ses arts, il a une littérature néo-égyptienne qui produit des chefs-d'œuvre comme ceux d'El-Kassim, il jouit d'une administration régulière qui n'est plus basée sur l'arbitraire et le despotisme. Depuis Mehemet Ali (1820) il a emprunté à la France tout ce qui pouvait contribuer à modeler l'Egypte sur l'Occident, il s'est initié à nos sciences et à nos idées, il nous a demandé des instructeurs, des marins, des ingénieurs, des constructeurs, des mécaniciens, des chimistes, des médecins. Grâce à cette intervention constante de l'étranger, il a fait bien des pas en avant. Les réseaux de chemins de fer ont mis en communication les centres importants de l'activité, on a construit le canal Mahmoudiéh si précieux pour le commerce intérieur et pour le rattachement d'Alexandrie au Caire et au Nil ; on a donné de l'extension aux service des postes et télégraphes, on a favorisé l'essor de l'instruction scientifique, littéraire, professionnelle par la fondation des écoles primaires, de l'école supérieure d'El-Azkear « cette université de fleurs » où se forment les ulémas qui dans tout le pays musulman détiennent les pouvoirs religieux, judidiaire, politique. En un mot toutes les améliorations qui concourent à une plus sage et plus heureuse entente de vie matérielle et sociale dans ses diverses expréssions ont été mises en œuvre avec persévérance et avec succès.

Quant à l'influence de l'islamisme sur le sens moral du peuple égyptien, elle est aussi funeste là qu'ailleurs. Nous avons déjà discuté cette question assez longuement dans une de nos précédentes études et nous croyons inutile d'y revenir ici, nous consentant de renvoyer ceux qui voudraient approfondir ces points aux deux ouvrages les plus importants sur ce problème, celui de M. le duc d'Harcourt et celui de M. Kassem-Emin (*les Egyptiens*).

Il resterait à examiner quel pourra être dans les différents domaines, intelligence, esprit public, administration politique, économie générale, l'avenir de l'Égypte moderne. Mais là les données font défaut. Les dernières conventions anglo-françaises sur le partage de l'Afrique laissent entrevoir clairement que l'indépendance égyptienne rêvée par les Khédives est désormais une chimère, à laquelle se substituera une annexion britannique pure et simple. Le Caire deviendra dans ces conditions un autre Simla, l'Égypte s'anglicisera comme l'Inde et comme le Cap ; mais il est vraisemblable que sous ce régime l'Islam perdra son empire moral encore vivace aujourd'hui. Les sociétés bibliques, les missionnaires propagandistes lui feront victorieusement concurrence sur tous les terrains. Il en est toutefois un qui continuera d'être irrigué par les sources françaises : ce sera la littérature, qui porte les idées, les répand et les fait fructifier. Notre rôle eût été plus grand dans ce pays où mourut saint Louis, si la France n'avait pas reculé devant l'Angleterre en 1882, dans la question du condominium, comme elle l'a fait plus tard en 1898, dans celle de Fachoda.

Charles SIMOND.

LES TOMBEAUX DES KALIFES

LE CAIRE

I

C'est sur la rive droite, c'est-à-dire orientale, du Nil — par 28° 58′ 30″ de longitude est et par 30° 2′ 21″ de latitude nord — que se trouve la capitale d'Egypte.

Le Caire, dont la population s'élève à environ 400,000 habitants, est entouré par les plaines de l'Abbassïeh et les jardins de Choubrah, au nord par les nouveaux quartiers d'Ismaïlieh et le Nil, à l'ouest; au sud, par des terrains sablonneux où furent autrefois les cités d'El-Qataïah et d'El-Asker et aussi par les cimetières de Sette Nefisah et de l'Imam Chafei; enfin, à l'est, par le Gebel-Moqattam, sur la pente duquel s'élève la Citadelle; par la nécropole des sultans mamelouks et par le désert. De ce dernier côté seulement subsistent les fortifications, qui consistent en de massives murailles renforcées de tours. Ce vestige de l'œuvre de Salah-ed-Dîn comprend plusieurs portes, dont les principales sont celles de Bab-el-Foutouh et de Bab-el-Nar. Au sud, près de la mosquée du même nom, se trouve la porte de Bab-el-Zoueyleh, d'aspect imposant; elle indique les bornes de l'ancienne ville et montre combien le Caire actuel a dépassé les limites de son enceinte d'autrefois.

Malgré les efforts qu'on fit sous prétexte d'améliorations pour modifier certaines rues, malgré la triste monotonie des nouveaux quartiers construits à l'européenne, l'impression que donne le Caire au voyageur diffère peu de celle qu'on éprouve en visitant les autres villes de l'Orient Même aujourd'hui, la plupart des maisons ont conservé leur originalité ; tantôt des macharabiêh (espèces de balcons entourés de tous côtés de petits morceaux de bois tournés et réunis de façon à former de coquets dessins dont l'ensemble peut être comparé à un treillage) masquent les fenêtres, tantôt celles-ci sont grillées. Presque toujours, la porte qui donne accès aux habitations est peu élevée et ne possède qu'un seul battant. Le voyageur indiscret qui voudrait voir ce qui se passe dans l'intérieur d'une de ces demeures serait déçu, car la porte ouverte ne laisse voir qu'un mur qui cache une première cour où on ne peut arriver que par une porte latérale. Lorsqu'on a pénétré dans cette cour, on aperçoit sur le mur, devant soi, une sorte de draperie ornée d'arabesques aux couleurs les plus éclatantes et sur laquelle se lisent différentes inscriptions; c'est ce rideau que le maître de la maison soulève pour entrer dans son *harem;* à peu de distance se trouve l'entrée du *mandarah*, qui n'est autre qu'un salon pour la réception des étrangers.

Rien n'est plus bizarre que la façon dont apparaissent les maisons de chaque côté d'une rue. Aucun règlement ne vient contrarier le caprice des propriétaires, dont chacun donne à son immeuble, selon sa fantaisie ou sa commodité, la position que bon lui semble. On peut ainsi juger de l'alignement des rues, lesquelles se resserrent parfois jusqu'à empêcher l'air et le soleil d'y pénétrer facilement. De plus, au Caire, le pavage est inconnu; le sol est recouvert tour à tour d'une épaisse couche de poussière grise et d'une boue noirâtre. Il existe quelques rues spacieuses, mais il n'en est pas de droites; toutes serpentent et sont traversées par une quantité de ruelles, et, pour mettre un comble à l'étonnement de l'Européen qui s'engage dans ce dédale, partout s'ouvrent des impasses faisant les plus invraisemblables détours.

Les plus importantes voies, c'est-à-dire les plus larges, sont, pendant une partie de l'année, tellement chauffées par le soleil, qu'il serait impossible de les parcourir sans risquer d'être frappé d'insolation si les habitants n'avaient pas coutume de les couvrir de toutes sortes d'objets destinés à produire de l'ombre, tels que vêtements, nattes, planches, étoffes, tapis, etc., etc. Ces espèces de boulevards où l'on voit surtout des boutiques sont constamment remplis d'une foule remuante, tandis qu'au contraire certains quartiers sont complètement déserts et silencieux. Quiconque pénètre pour la première fois dans cette ville si différente de celles d'Europe n'est pas éloigné de s'imaginer qu'il va être témoin de quelque aventure romanesque. Les maisons presque complètement closes ont un air de mystère qui frappe l'imagination. Rarement, par une fenêtre qui paraît avoir été laissée ouverte par mégarde, voit-on la tête d'une esclave nègre qui glisse furtivement et disparaît comme une ombre. Il semble qu'on ait devant soi un décor merveilleux des *Mille et une nuits*.

Voici, du reste, l'impression M. de Rhoné : « Comment décrire, dit-il, ce milieu d'enchantements, ce fouillis de rues, de venelles, de places irrégulières et charmantes de caprice, où chaque maison, chaque édifice presque, est un chef-d'œuvre d'originalité délicate et pleine de sève ! Comment dépeindre ce calme dans les airs, cette lumière éblouissante où baignent les minarets sculptés, puis l'ombre intime et douce qui règne au fond des rues ! Ici tout est en fête, en joie perpétuelle : le pittoresque, la couleur, le mouvement, y règnent sans partage ; tout chatoie, miroite et bruit, tout s'agite et poudroie comme les atomes joyeux dans un rayon de soleil... En quittant la place inondée de soleil et de foule on s'enfonce dans les mystères d'étroits passages où le soleil n'est plus qu'un mince filet de lumière éclatante qui serpente derrière les macharabieh à jour. »

Il semble que par l'étroitesse de ces rues les habitants aient voulu remédier aux inconvénients du climat, peut-être même ont-ils été un peu loin dans cette voie. Il arrive quelquefois que deux maisons se faisant face et possédant toutes deux ces sortes de balcons ou macharabieh se réunissent positivement au moyen de ces derniers, ce qui forme pour le passant une espèce de galerie complètement fermée qui l'abrite du soleil et qu'il considère comme une aubaine. Toute différente est la façon dont on accueille les gouttes d'eau suspectes qui tombent souvent des objets étendus d'un côté à l'autre de la rue pour la préserver de la chaleur.

On appelle *okels* ou *caravanserails* (oukala) de vastes bâtiments carrés d'une architecture simple, lourde et sans grâce, au milieu desquels se trouve une grande cour remplie des denrées émanant des caravanes ; tout autour de cette cour existe, au rez-de-chaussée, une galerie où on circule librement ; au-dessus, réparties en plusieurs étages, sont les chambres habitées par les voyageurs. Certains de ces édifices contiennent un oratoire et une fontaine pour ablutions, qui occupent le milieu de la cour, ce qui permet aux marchands de veiller simultanément au salut de leur âme et sur leurs marchandises. C'est naturellement dans les quartiers les plus commerçants qu'on rencontre les caravansérails.

Il est d'usage, en Orient, pour les ouvriers d'un même métier ou les marchands exerçant le même commerce, de se grouper dans un même quartier qui prend le nom de *Souk* (marché), auquel on ajoute le nom de l'objet fabriqué ou de la marchandise vendue. Ainsi *Souk-el-Silah* est l'endroit où l'on vend des armes ; el-Nahasîn (du mot *nahas*, cuivre), celui où l'on fabrique des ustensiles en cuivre. *Bazar* est la traduction en persan du mot arabe *Souk*.

Parmi les bazars du Caire les plus connus sont :

Le *Gamalîeh*, au nord-est de la ville; c'est sur ce point que se trouvent les principaux okels, dont le plus important est celui de *Zoul-Figar*, où se fait le commerce de l'ivoire, du coton, du café et du tabac. Avant le règne du sultan Salah-ed-Dîn, les khalifes avaient leurs palais dans ce lieu.

Le *Khân-Khalîl*, qui porte le nom de celui qui le fonda. Les marchandises qu'on y vend sont de grande valeur; on y voit des plumes d'autruche, des tapis de Karamanie et de Perse, des draps brodés d'or de Smyrne et de Constantinople, des cachemires, de la soie, des châles de l'Inde, des armes et des armures damasquinées. La mosquée *Hassanein* est juste en face. Les boutiques dissimulent tous ces trésors sous un dehors plus que modeste. Ces richesses sont pour elles inépuisables, car les caravansérails qui les fournissent sont à deux pas et reçoivent sans cesse des produits qu'ils entassent. Ce bazar est placé sur le lieu même où furent les sépultures des *Khalifes*. L'unique tombeau qui ait subsisté est celui de *Melek-el-Saleh ebn-Kâmel* de la dynastie des *Eyoubites*, qui mourut en 1250 (648 de l'hégire).

Le *Souk* des orfèvres et des ouvriers travaillant le cuivre (el-Nahasîn). En parcourant les rues tortueuses de ce quartier, nul étranger ne soupçonnerait l'existence de ce marché. Les couloirs qui y conduisent sont si étroits qu'il est impossible d'y marcher à deux côte à côte. Il faut traverser un dédale de venelles pleines de fange et obscurcies par les planches qui empêchent la lumière d'y pénétrer complètement. A droite et à gauche on aperçoit des boutiques d'une extrême exiguïté qui ne laissent voir qu'un coffre-fort sur la partie antérieure duquel un marchand est assis; quelques-unes possèdent une vitrine minuscule contenant des échantillons.

Rien n'est plus simple que les outils employés par les orfèvres dont les ateliers touchent le marché à la bijouterie. Le passant assiste à la fabrication des colliers garnis de sequins, des pièces d'argenterie, des bracelets d'or et d'argent, des boucles d'oreilles. Au nord du quartier, les ateliers de chaudronnerie se révèlent aux oreilles par un tapage infernal. Ils s'arrêtent à la mosquée du sultan *Qalaoun*.

Le *Hamzaouy*, où on vend de la parfumerie, de la porcelaine, des cristaux, des lainages, des cotonnades, des épices, du papier.

Viennent ensuite les bazars dont les noms suivent :

El-Aggadîn, où se trouve de la passementerie d'or, d'argent et de soie.

El-Ghourîeh, où se vendent des draps, des toiles, de la mousseline.

El-Soukkarîeh, où on peut acheter des confitures, des dattes, des fruits secs, du sucre.

VUE SUR LE NIL

Le groupe des armuriers, ou *Souk-el-Silah*.

Celui des selliers, ou *Sourougîeh*.

C'est dans la grande rue qui va du nord au sud de la ville, conduisant du *Bab-el-Foutouh* à la mosquée du sultan Hassan, qu'on rencontre tous ces bazars.

Le *Souq-el-Abîd* a été supprimé. De nos jours sont encore visibles les ruines d'un ancien caravansérail qui était situé entre la porte de *Zoueyleh* et le Bab-el-Ghoraïb et qui avait été fondé sous le règne du Khalife *Malek-el-Saleh ebn-Kamel*, d'après l'inscription arabe placée au-dessus de l'archivolte d'une ogive sur la face intérieure nord-est et qui porte la date de l'an 644 de l'hégire (1246 de J.-C.).

L'invasion des Mogols dans la Haute-Asie avait alors chassé à de grandes distances les peuples des régions caucasienne et caspienne; ils fuyaient en désordre devant les nombreuses et terribles bandes des Tartares. Venus jusqu'en Syrie aux limites de l'Égypte, ils se dispersaient à la hâte, sachant que deux choses horribles les menaçaient : le massacre et l'esclavage. Dans le but de se pourvoir de marchandise humaine, tous les marchands d'esclaves de l'Orient s'étaient rapidement transportés à la rencontre des envahisseurs. Les deux principaux marchands d'esclaves du Caire, Ali-Karracheh et Nour, surnommé El-Bendoûgi, avaient naturellement agi comme leurs confrères et étaient revenus de Syrie ayant en leur possession plus de 2,000 esclaves, hommes et femmes, qui, tous, étaient jeunes, d'une grande beauté et jouissaient d'une santé parfaite, les vieillards, les malades, les infirmes et les sujets d'une plastique insuffisante ayant été massacrés. Ces infortunés, conduits brutalement comme des bêtes à travers les déserts de l'isthme de Suez, étaient venus alimenter le nouveau caravansérail afin d'être vendus aux riches pour leurs harems ou de grossir les rangs des milices.

Jusqu'à l'époque de l'expédition française sous la première République, ce marché a continué d'être le plus important du Caire. Il a été transformé en hôpital militaire par le chirurgien Larrey en 1799.

Il existe dans un coin de la cour, à gauche et au fond, une inscription en français (?) qui ne manque pas de pittoresque :

Les femmes de *se* pays sont jolies,
Mais elles ne *vallent* pas Rosalie
A qui je reste fidèle pour tout de bon,
Jusqua mon retour à Toulon.

Signé: L. Lebon, sergent à la 32e demi-brigade.

La place de l'*Esbékîeh* est, sans contredit, la plus fréquentée du Caire; elle l'est surtout par les représentants du commerce européen. C'est là qu'est l'hôtel d'Orient, du côté nord, près duquel aboutit le boulevard *Clot-Bey*, qui mène à la gare, à l'avenue de Choubrah et aux quartiers neufs de *Fagallah* et de *l'Abbassîeh;* en face débouche la rue *d'Abdin'*, qui se termine au palais d'Abdin' et où se trouvent les hôtels Shepherd et New-Hôtel; enfin du côté occidental vient aboutir l'avenue de *Boulaq*, dans laquelle est située l'usine de la Compagnie des Eaux et qui passe sur le canal Ismaïlieh. C'est dans cette avenue que commence un long boulevard qui finit au *Vieux Caire*, après avoir parcouru en ligne droite le quartier Ismaïlieh : c'est le boulevard de *Qasr-el-Nil*.

Sur l'emplacement d'un ancien cimetière, à l'angle sud-est, est élevée la statue équestre *d'Ibrahim-Pacha*, l'aîné des fils de Mohammed-Ali. Cette œuvre d'art en bronze est due au sculpteur Cordïer. Deux voies se rencontrent à cette place, c'est : 1° le boulevard *Mohammed-Ali*, qui mène en ligne droite à la mosquée du sultan *Hassan*, à la *Citadelle*, aux places *Roumeïleh* et *Mohammed-Ali* et à la gare du chemin de fer de *Hélouan'*; 2° le *Mousky*, qui conduit à la nécropole des sultans mamelouks en passant sous la porte d'El-Ghoraïb; c'est une des rues du Caire où le commerce est le plus animé.

Le *Mousky* est la principale voie qui conduit à tous les marchés et aux édifices les plus célèbres. Des planches en couvraient l'entrée jusqu'en 1881, mais, dans la crainte d'un effondrement, on les détruisit, ce qui mécontenta fort les marchands, qui n'eurent depuis que des moyens insuffisants pour se préserver de la chaleur.

A la fin du règne d'Ismaïl-Pacha, le Mousky a été profondément modifié à son extrémité la plus proche de l'Esbékîeh. De vastes boutiques agencées à l'européenne ont été substituées aux misérables échoppes d'autrefois.

Le Caire possède maintenant, tout comme les capitales de l'Europe, des boulevards, des squares, des théâtres, des concerts, des voitures de place, des omnibus.

Il y a longtemps déjà que le gaz a été substitué à l'huile comme moyen d'éclairage. Tout comme à Paris on peut avoir l'eau chez soi, même dans les endroits élevés. Les puits d'eau trouble ont disparu pour faire place aux fontaines publiques. Quelques-uns des anciens quartiers ont été complètement modernisés, au grand désespoir des amateurs en quête de tableaux pittoresques.

Dans la banlieue ont été construits, sur l'emplacement d'anciens marécages, des usines, des fabriques, des chantiers où les machines à vapeur règnent en souveraines.

Les Européens ont également exercé une influence sur les petits industriels, qui ont fini par appliquer à leurs travaux les inventions du monde civilisé.

Néanmoins, on aurait tort de croire que le cœur de la ville indigène ne s'est pas montré rebelle, voire même hostile, au progrès. L'Égyptien de race pure considère comme nuisibles les perfections de la mécanique. Il n'accepte que le chemin de fer et la voiture de place. Il admire pourtant les machines merveilleuses modernes, mais il estime que « les affaires marchaient tout aussi bien il y a une trentaine d'années, alors qu'on n'entendait pas ce bruit d'enfer ». On constate du reste que, dans son métier, tout Égyptien reste fidèle à la tradition de ses ancêtres; quiconque chercherait à modifier ses idées là-dessus perdrait son temps.

MOSQUÉE D'AMROU

Le Caire se divise en huit arrondissements :

1° *Abdin'*, qui comprend les quartiers de Bab-el-Louq, Ismaïlîeh, Bab-el-Khalq.

2° *Khalîfah :* Sayîda-Nefesah, Sayîda-Sakînah, Gala'a-el-Kabch, el-Menchîeh (Roumeïleh), Salîbah.

3° *Darb-el-Ahmar :* Soukkarîeh, Gasabet'-Radouân, Khiamîeh, Hart-el-Roum.

4° *Qaïçoun :* Syoufîeh, Mogharbelin', Sourougîeh.

5° *Gamablîeh :* el-Azhar, Khar, Khân-el-Khalîl, Nahasîn', Gouanîeh, Sayîdna-Houssein.

6° *Bab-ech-Charîeh :* Hart-el-Yaoud, Ouasaah, Tambali.

7° *Sayîda-Zeynab :* Darb-el-Gamaniz, Nasrîeh, Ismaïlîêh, Qasr-el-Ali.

8° *Esbékîeh :* Mousky, Hart-el-Yaoud, Hart-el-Nassarah, boulevard Clot-Bey (charea Clot-Bey), Faggâlah, Kom-el-Dikkah, charea Qaouâlah, charea Abd-el-Aziz.

II

Le Caire peut, à bon droit, être fier de l'Esbékîeh. C'est une magnifique place, aussi vaste que la place de la Concorde, à Paris. Un très gracieux jardin en occupe une partie. Au centre de ce square est un petit lac alimenté par un ruisseau qui prend nais-

COUVENT COPTE DER-EL-ABIAD

sance au pied d'une bruyante cascade dont les eaux écumeuses traversent une grotte d'un effet merveilleux au haut de laquelle est établi un agreste belvédère d'où le regard découvre un superbe panorama. De vastes pelouses émaillées de fleurs aux couleurs les plus variées, d'épais massifs formés d'arbres d'essences diverses, d'ombreuses allées aux gracieuses sinuosités réjouissent la vue. De nombreux jardiniers sont occupés constamment à l'entretien de ce square. Le système d'arrosage est identique à celui des jardins d'Europe.

Le jardin de l'Esbékîeh couvre une surface d'environ huit hectares, il est rectangulaire et à angles coupés. C'est à MM. Barillet, Deschamps et Delchevalerie que revient l'honneur d'avoir fait ce petit Eden.

Au temps de l'expédition française dirigée par Bonaparte, le quartier général de ce dernier était établi dans le palais d'*Elfy-Bey*, qui est situé du côté ouest, à l'angle de l'avenue de *Boulaq*. L'assassinat de Kléber eut lieu dans le jardin de ce palais. Voici dans quelles circonstances :

Soleyman, jeune homme fanatique, habitant Alep, vint à se persuader, dans sa folle imagination, qu'il était chargé par Dieu de tuer le général en chef. Il se mit à prier, continua pendant 40 jours, et le 10 juin 1800 il résolut de ne plus perdre Kléber de vue et de choisir le moment propice pour son crime. Le 14, il se dissimula dans une citerne du jardin et se tint prêt à accomplir son odieuse besogne. Après plusieurs heures d'attente il vit paraître Kléber en compagnie de l'architecte Protain, auquel il indiquait plusieurs travaux de réparation à exécuter. C'était le moment souhaité par Soleyman, qui, sortant soudain de sa retraite, se mit à genoux devant le général en lui présentant une pétition ; pendant que ce dernier avait les yeux fixés sur le placet, l'assassin se releva brusquement et plongea quatre fois un poignard dans la poitrine de Kléber, qui tomba. Voulant arrêter Soleyman, Protain fut à son tour atteint d'un coup de poignard qui le fit également chanceler. Attirés par les cris des deux blessés, des soldats se rendirent maîtres du fanatique, qui s'était blotti derrière un tas de débris de démolitions.

La place où fut assassiné Kléber se trouve maintenant dans le jardin de l'hôtel Shepherd, qui est contigu à l'ancien palais d'Elfy-Bey, mais jusqu'ici aucun monument, aucune inscription ne l'indique au voyageur.

III

L'Égypte est un des pays les plus chauds du monde. C'est surtout aux déserts qui l'environnent qu'il faut attribuer cette température si élevée. Pendant l'été, le thermomètre accuse en moyenne 30° centigrades. La chaleur y est si forte que l'air pique la peau ; il arrive quelquefois qu'elle devient dangereuse pour les Européens, car on transpire même étant à peine vêtu et sans faire aucun mouvement ; dans ces conditions le moindre refroidissement, dont en Europe on ne s'apercevrait pas, peut avoir dans cette contrée les suites les plus graves.

Étant donné surtout qu'après chaque inondation du Nil les terrains restent marécageux pendant plusieurs mois, on se figurerait aisément qu'une aussi grande chaleur rend l'Égypte malsaine. Ce serait une profonde erreur. En effet, les vents qui ont parcouru les déserts, échauffés par les rayons d'un soleil brûlant dont la puissance est encore accrue par la réflexion des sables arides, rendent l'atmosphère absolument sèche ; de plus la présence dans le sol du natron (carbonate de soude) contribue encore à assainir le climat.

On peut, selon les saisons, savoir d'avance quelle sera la direction des vents. Pendant la plus grande partie de l'année, c'est-à-dire depuis environ le 20 juin — époque de la crue du Nil — jusqu'au mois d'avril de l'année suivante, le vent souffle surtout du nord, avec, d'abord, des inflexions vers l'est puis vers l'ouest. Il existe, au contraire, vers avril ou mai un vent redouté, c'est le *khamsin'*, dont le nom vient de sa durée, qui est de 50 jours. C'est un vent brûlant qui débute généralement de la même façon qu'un ouragan; le ciel se trouble tout à coup, prend une teinte jaunâtre, une poussière fine qui semble lumineuse flotte dans l'air, la température s'élève de 10 à 15 degrés en très peu de temps. On étouffe, une soif inextinguible vous dévore. Tous les habitants, effrayés, se réfugient chez eux. On sent une odeur de terre détrempée comme pendant un violent orage.

Il est un autre phénomène particulier à ce pays qui est au contraire ardemment souhaité par les cultivateurs, c'est celui des rosées. Elles sont d'une abondance remarquable lorsque le vent souffle du nord ou du nord-ouest; le voisinage des lacs ou de la mer les augmente encore,

Dans la haute Égypte il ne pleut presque jamais; au contraire, près de la mer, il y a, de décembre en février, des alternatives assez fréquentes de pluie et de beau temps, mais la pluie n'y est jamais de longue durée.

Au Caire, à la même époque, on n'éprouve que de petites averses qui ne durent jamais une journée entière. Les nuits sont très fraîches en Égypte.

On s'imagine, chez certains peuples, que les mosquées sont des temples habités par Dieu ou des lieux où il s'y manifeste tout particulièrement, c'est là une erreur. La mosquée est tout simplement un édifice où se réunissent les croyants pour s'acquitter de leurs devoirs religieux. L'endroit le plus sacré du lieu est le *mihrab* ou sanctuaire. Les mosquées du Caire sont de formes très variées, les plus vieilles sont pourvues d'une cour rectangulaire autour de laquelle s'élèvent des portiques. La seule chose obligatoire pour leur disposition est que le lieu où on prie soit tourné vers *la Mecque*, qui pour les musulmans est le centre du monde. Le *mihrab* est une sorte de niche creusée dans le mur et qui est généralement garnie d'ornements. A côté de cette niche, appelée aussi *giblah*, se trouve le *membar*, qui n'est autre chose qu'une chaire à prêcher où *l'imam* assisté de son *merakki* (diacre) fait chaque vendredi la prière publique ou *khotbah*. Haut d'environ deux mètres et demi, le *dikka*, tribune soutenue par des colonnes, se dresse en face du membar et de la giblah. C'est sur la dikha que sont placés le *mouballegh* et ses desservants commentant les paroles de l'imam. Au milieu de la cour se trouve un bassin rempli d'eau destiné aux ablutions. Ces dernières sont imposées non seulement avant chacune des cinq prières quotidiennes, mais aussi après toute espèce de souillure corporelle.

La propreté des mosquées est bien entretenue. A terre sont étalées des nattes, des tapis, sur lesquels les assistants se tiennent assis sur leurs talons après avoir laissé leurs chaussures à la porte ou les tenant en main. Tout en respectant leurs temples par-dessus tout, les musulmans ne voient aucun inconvénient à y manger, y dormir, y travailler au besoin, du moment qu'il n'est pas l'heure

LE CAIRE — RUINES DE LA MOSQUÉE D'IBN-TULON

de prier. L'administration de la mosquée est confiée au *nazir* (intendant). Les prières sont faites par deux imams; l'un s'appelle *khâtib;* l'autre, *tarbib.*

Dans les mosquées le *minaret* (maadueh) fait office de clocher; sa décoration varie selon le goût de l'architecte. C'est une sorte de tour pourvue d'un balcon d'où le *mouezzin* chante l'*adân* au lever du soleil, à midi, trois heures avant le coucher du soleil et une heure et demie après le coucher du soleil. L'intérieur des mosquées est orné de sculptures et de mosaïques. Les musulmans se gardent bien de réparer leurs temples, même lorsqu'ils sont complètement délabrés, car ils craignent, en y portant les mains, d'en violer la sainteté.

Voici les noms des mosquées du Caire : Touloun, El-Azhar, El-Hakem, Qalaoun, El-Nasser, El-Barqouqteh, Beybars, El-Zaher,

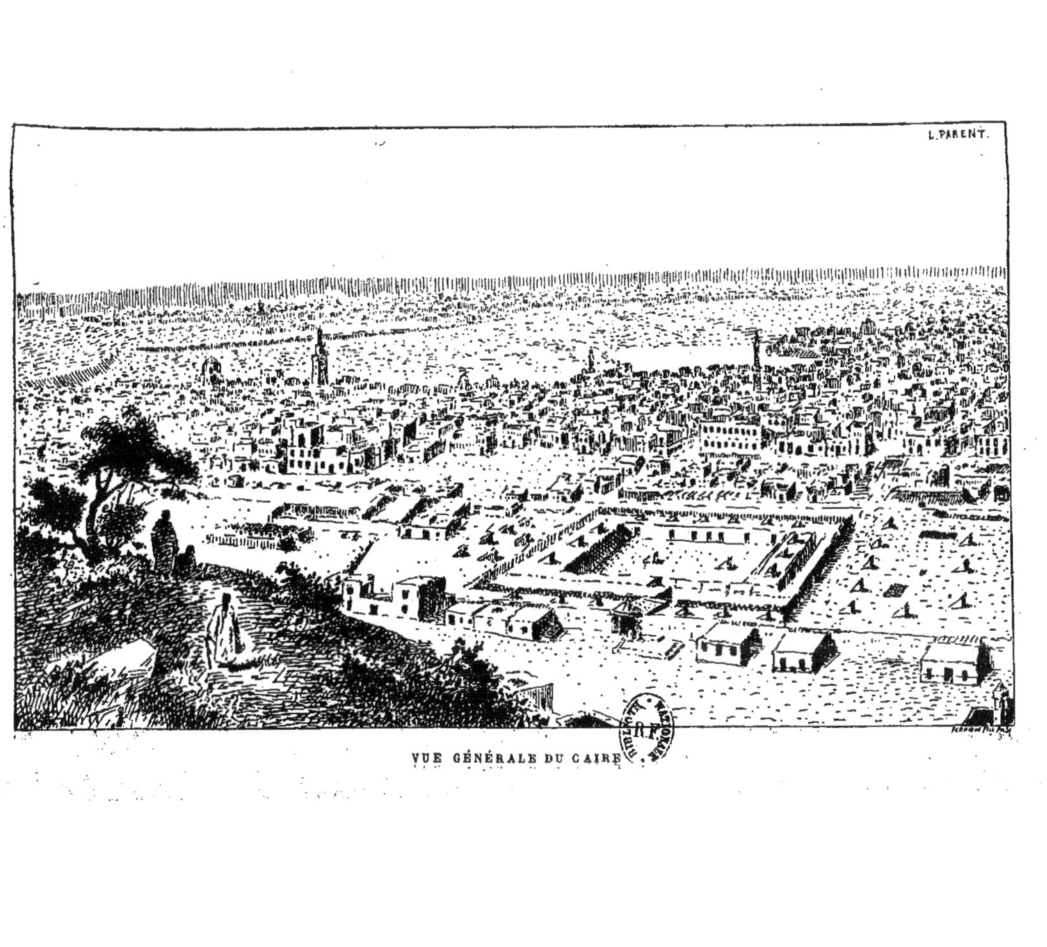

VUE GÉNÉRALE DU CAIRE

Hassan', El-Mouayyad, El-Saleh, El-Ghoury, El-Achrafîeh, Hassanein, Sayida-Zeynab.

On appelle *Sabil* un petit bâtiment généralement composé d'un rez-de-chaussée et d'un étage. Au rez-de-chaussée est une fontaine qui coule dans un réservoir intérieur. Du côté de la rue se trouve un grillage derrière lequel un homme est placé et ne cesse de remplir d'eau des tasses de cuivre qu'il tend à tous les gens altérés qui s'approchent en passant. Les habitants du Caire tiennent beaucoup à ces sabils, dont les principales sont celles de : *Oum-Mohammed-Ali-el-Saghir* (de la mère du jeune Mohammed Ali, fils de Mohammed-Ali-Pacha), rue du Qantara-el-Dikkah; *Oum-Abbas* (de la mère d'Abbas-Pacha), à Salîbah; *Moustapha-Pacha Fâdel,* à Darb-el-Gamaniz; *Toussoum-Pacha*, au Soukkarieh; *Selahdar*, au Gamalîeh, et *Hassanein*, en face de la mosquée de ce nom.

*
* *

Il existe au Caire un grand nombre de bains publics; tous sont chauds, selon la coutume orientale. Ils comprennent plusieurs salles éclairées en haut par des verres de couleurs variées. Chaque salle contient des fontaines à une température différente. On entre par une porte étroite dans une grande pièce où se tient le propriétaire de l'établissement, à qui on remet son porte-monnaie pour qu'il en prenne soin. On pénètre ensuite dans une seconde salle où l'on quitte ses vêtements. Un baigneur s'empare de vous, et après vous avoir fixé une serviette sur les reins, vous conduit à travers plusieurs pièces de plus en plus chaudes jusqu'à la salle de bain dans laquelle l'eau tiède sort d'une fontaine qui en occupe le milieu. Les dalles sur lesquelles on marche sont humides et glissantes et seraient dangereuses si on n'avait soin de faire usage de socques en bois. La vapeur chaude qui, tout d'abord, vous oppresse finit par être respirée sans aucune gêne. Après s'être reposé un instant au bord de la piscine on se confie de nouveau au baigneur, qui vous couche sur un banc près de la fontaine du centre, vous masse d'abord doucement, puis vous frictionne avec énergie, après quoi il vous frotte la paume des mains et la plante des pieds avec un morceau de brique cuite. Après avoir subi cette opération on entre dans une petite pièce contiguë pourvue de deux robinets : un d'eau chaude, un d'eau froide. Là, un spécialiste vous savonne de la tête aux pieds, puis vous rince en vous inondant. On vous couvre ensuite de serviettes et on vous conduit dans la salle d'entrée, où vous vous étendez sur des matelas. On vous masse une dernière fois et après vous prenez le café et vous fumez en écoutant la suite d'un récit d'aventures commencé depuis plusieurs jours par un conteur qui trouve toujours moyen d'inventer de nouveaux détails sur la vie de son héros.

Les hommes vont aux bains jusqu'à midi; les femmes, à partir de cette heure. Quelquefois ces dernières se font accompagner de leurs esclaves, qui les frottent et les épilent.

*
* *

La ville du Caire possède, indépendamment de ses petites écoles, appelées *Kouttab*, six écoles municipales, plus une au Vieux Caire, qui appartiennent au ministère de l'Instruction publique; d'autres relèvent du ministère des *Ouagf*.

L'école primaire, qu'on appelle *Moubtabian*, occupe l'ancien local de l'Institut et est fréquentée par 700 élèves en moyenne. Le nombre des élèves de l'école préparatoire s'élève à 300 environ. L'école normale, où se forment des professeurs et des adjoints, a été créée en 1872. Depuis 1881 elle a été réorganisée et divisée en deux nations : l'une pour les études en langue du pays, l'autre pour celles en langue française. L'école polytechnique possède environ 60 élèves. L'école de droit, fondée en 1867, est fréquentée par une cinquantaine d'élèves. L'école des langues, créée en 1878, a pour but de former des traducteurs et des professeurs de langues étrangères. L'école de médecine a environ 150 élèves. A cette dernière se rattachent l'école de pharmacie et l'école de la maternité. L'école des arts et métiers fondée en 1866 possède à peu près le même nombre d'élèves. Depuis le règne de Mehemet-Ali, le gouvernement égyptien envoie, presque chaque année, en Europe un nombre de jeunes gens qui varie de 30 à 50 pour y compléter leurs études.

En 1875 fut fondée une école particulièrement intéressante : celle des sourds-muets et des aveugles. C'est à Onsy-Bey que revient l'honneur de cette création.

Il existe également deux établissements pour l'instruction des jeunes filles : l'école de la *Syoufîeh* et celle de la Qérabîeh; elles sont fréquentées par environ 240 élèves.

Parmi les nombreuses écoles du Caire il convient encore de citer : le collège des Frères de la doctrine chrétienne, l'institution Marcel, l'école gratuite italienne, l'école de la mission américaine, le pensionnat des sœurs du Bon-Pasteur et celui des dames de la Légion d'honneur, le *Maqaz-el-Khaïrîeh* et le *Tewfick-el-Haïri*, entretenus par la Société de bienfaisance égyptienne.

*
* *

Il n'y a rien à signaler sur l'architecture des théâtres du Caire, qui ne sont que des copies des principaux théâtres d'Europe. La façade de l'Opéra et le corps de bâtiment compris dans la grille datent de 1869. La partie postérieure a été faite en 1873. On remarque parmi les décors ceux signés : Desplechin, Cambon, Lavastre, Rubé, Chaperon. Le foyer est très beau et la salle bien aménagée. La curiosité de cet édifice est la grande loge grillée du harem du khédive. C'est sur ce théâtre qu'*Aïda*, de Verdi, a été représentée pour la première fois.

*
* *

La Bibliothèque nationale est installée au ministère de l'Instruction publique, au quartier de *Darb-el-Gamaniz*; sa fondation est due à Ali-Pacha-Moubarek.

Elle contient environ 35,000 volumes, parmi lesquels se trouvent des manuscrits orientaux d'un prix inestimable. Les plus curieux sont les *masahif* ou exemplaires du Coran, qui émanent des mosquées du Caire. Ces manuscrits représentent ce que l'art arabe a laissé de mieux comme écriture et comme dessin.

*
* *

Dans presque tous les cafés arabes du Caire se rencontre une sorte d'orateur qui récite ou chante une histoire merveilleuse ou un roman populaire, en s'accompagnant du rebâba (instrument de musique à une corde). Ces conteurs (*mohaddisîn'*) sont généralement de pauvres savants qui vivent du produit des quêtes qu'ils font après avoir un instant distrait leur auditoire, qui, du reste, est très attentif à leur diction et à leur mimique animée. Quelquefois même le propriétaire de l'établissement y ajoute son obole. Inutile de dire que leur plateau une fois rempli contient plus de monnaie de cuivre que de pièces blanches.

Tous les Égyptiens ont le sentiment du rythme, de la cadence. Ils affectionnent aussi le retour des consonances. En somme, les poètes, dans ce pays, sont assurés du succès. « Presque tous ont fleuri leurs vers d'images empruntées aux mœurs. Les parfums du jasmin, les douces teintes de la rose, la patience du chameau, la force et la majesté du lion, l'élégance, l'agilité et les beaux yeux de la gazelle, la fécondité du Nil, le silence et la sérénité des nuits, la lune qui se lève, le soleil qui se lève ou qui se couche, fournissent d'abondantes figures (1). »

*
* *

L'aqueduc du Caire est aujourd'hui hors d'usage. Il a plusieurs étages contenant diverses salles. Une plate-forme qu'on atteint e

(1) *Le Caire et ses environs*, par M. H. de Vaujany.

suivant des plans inclinés extérieurs termine la partie supérieure. La longueur totale de l'aqueduc était de plus de 3,800 mètres et

UNE RUE DU CAIRE

l'eau atteignait une hauteur de 85 mètres au-dessus du niveau moyen du Nil.

***

C'est sur un mamelon du *Gebel-Moqattam* que repose la Citadelle, qui domine le Caire au sud-est. On s'y rend le plus souvent — de la place *Roumeyleh*, soit par le *Bab-el-Gedid*, en suivant un chemin dont la pente est accessible aux voitures et qui entoure les murailles du côté nord, soit par le *Bab-el-Azab*, de chaque côté duquel sont deux tours sarrasines précédées d'un perron qui débouche sur un étroit passage taillé dans le roc.

La Citadelle est divisée en trois parties qui sont : *El-Azab*, *El-Enkicarîeh* et *El-Qalaa*, qui est la plus élevée. Autour de chacune d'elles s'élèvent des murailles et des tours crénelées. Un ravin sépare la forteresse du plateau de Moqattam par qui elle est dominée. Un détail frappant : c'est du côté de la ville qu'elle est le mieux armée. On peut de là tirer cette déduction que les sultans, pachas ou vice-rois d'Égypte songeaient bien plus à se défendre contre les mouvements populaires que contre les ennemis de l'extérieur.

Les nombreuses portes du Caire sont maintenant presque toutes intérieures par suite des agrandissements de la ville. Les plus dignes d'attention sont celles de *Bab-el-Nasr*, *Bab-el-Foutouh* et *Bab-el-Zoueyleh.*

Bal-el-Nasr ou « porte de la victoire » a quelque analogie avec certains monuments arabes de l'Espagne. Sa hauteur est de 22 mètres (sous clef de voûte). Elle est à plein cintre et possède 2 tours carrées qui dépassent les murailles d'environ 7 mètres.

Bab-el-Foutouh ou « porte des conquêtes » est un peu à l'ouest de la précédente. Elle est également de plein cintre et ses tours elliptiques. Elle possède à un plus haut degré le cachet de l'art arabe. Elle est de même hauteur que Bab-el-Nasr.

Bab-el-Zoueyleh est contiguë à la mosquée *El-Mouaygad*. De longues bandes horizontales rouges et blanches rayent sa façade.

Les autres portes : *Bab-Touloun*, *Bab-el-Qarâfeh*, *Bal-el-Ouézir*, *Bab-El-Mahrouq*, *Bab-el-Ghoraïb*, *Bab-ech--Charîeh*, etc., n'offrent aucun intérêt.

« C'est dans la vaste nécropole qui s'étend à l'est du Caire, désignée improprement sous le nom de *Tombeaux des Khalifes*, que s'élèvent les mosquées sépulcrales des anciens sultans mamelouks. Ces monuments, ne recevant plus, depuis le commencement de ce siècle, les sommes jadis affectées à leur entretien, sont complètement abandonnés; les murs sont lézardés; les minarets, dont le sommet est tronqué, tombent en ruine, et dans certains endroits les coupoles effondrées ont fourni aux Arabes d'abondants matériaux pour se construire des logements, où des familles entières vivent à l'ombre des édifices croulants, derniers chefs-d'œuvre de la pure architecture sarrasine. Une seule mosquée, celle de *Qaït-*

Bây, la perle de tous les monuments du Caire par ses admirables détails, vient d'être restaurée.

« Le vaste cimetière auquel le tombeau de l'imâm Chafeï a donné son nom s'étend au sud de la ville, entre Gebel-Moqattam et le Vieux Caire. En sortant par le Bab-el-Qarâfeh, à l'extrémité de la place Mohammed-Ali, on laisse à gauche un champ couvert de mosquées funéraires ruinées appartenant aux sultans mamelouks, et, en se dirigeant directement vers le sud, on aperçoit, à travers plusieurs mausolées modernes, la coupole grisâtre sous laquelle repose le corps vénéré de l'imâm. »

*
* *

La petite ville de *Boulaq* est pour ainsi dire le faubourg industriel du Caire. Elle est située sur la rive droite du Nil, à l'ouest de la capitale. Sa position exceptionnelle lui permet de communiquer directement avec la Méditerranée par le fleuve et avec le canal maritime de Suez par le canal Ismaïlieh. Les nombreuses usines particulières, telles que l'usine à gaz, les moulins français Darblay, etc., sont réunies là ainsi que plusieurs industries appartenant au gouvernement. On y remarque l'école des arts et métiers. Boulaq possède aussi une grande fabrique de papier et une imprimerie nationale. A côté des établissements industriels, il est un monument unique au monde que tous les voyageurs n'oublient jamais de visiter : c'est le Musée connu sous le nom de Musée de Boulaq. Les trésors qu'il renferme sont divisés en deux groupes; le premier comprend une vingtaine de cercueils refaits ou brisés pour la plupart, où l'on reconnaît du premier coup d'œil le style de la dix-huitième et de la dix-neuvième dynastie; ceux du second groupe sont uniformes d'aspect et portent le cachet de la vingtième dynastie. Nous devons, faute de place, renoncer bien à regret à énumérer ces richesses inestimables qui ravissent l'esprit et mettent un comble à l'admiration.

*
* *

La ville de *Fostat*, fondée par *Amr'* en 640, forme aujourd'hui un bourg d'environ 3,000 habitants et s'étend le long du Nil, en face de l'île de *Raoudah*. C'est une sorte de banlieue du Caire désignée communément sous le nom de *Vieux Caire*, appellation que rien ne justifie, puisque cette ville n'a jamais porté le nom de la capitale actuelle de l'Egypte.

*
* *

« L'emplacement où s'élevait jadis la ville d'Héliopolis est 9 kilomètres au nord du Caire. On s'y rend par la route de l'Abbasîeh, tracée au milieu des sables du désert. Après avoir passé l'Observatoire, on suit un chemin bordé d'acacias et de sycomores qui traverse les riantes prairies de Poutteh. Un peu plus loin, en laissant à droite le village de Matarîeh, on découvre un vieil obélisque, seul monument encore debout au milieu des buttes de décombres qui couvrent les ruines de l'antique cité égyptienne. Il n'existe pas de site historique plus intéressant dans toute la basse Égypte.

IV

Pour se rendre aux pyramides, il faut traverser le nouveau quartier *Ismaïlîeh,* passer le fleuve au pont de *Qasr-el-Nil* et, après

VUE SUR LE NIL

avoir longé le palais khédivial, qui se trouve au bord de *Gisèh,* suivre à droite la belle route ornée d'acacias qui fut percée en 1868 précisément à l'intention des voyageurs. Le trajet en partant de la place de l'Esbékîeh est de 12 kilomètres environ.

Les pyramides reposent par groupe sur un immense terrain qui s'étend d'*Abou Rouch*, près du plateau de Gisèh, à Illahoun, dans Fayoum, et qui appartient à la nécropole de Memphis. On désigne ces groupes au moyen des localités dont ils sont voisins. Ce sont : *Abou-Rouch, Gisèh, Abousir, Saqqarah, Dachour, Matanîeh* et *Meïdoum.*

Les trois plus célèbres pyramides sont celles de *Khéops*, de *Khéhprên* et de *Mykérinos*, qui font partie du groupe de *Gisèh.*

*
* *

La pyramide de Chéops a 142 mètres de hauteur et 233 mètres de largeur à sa base. Les anciens Égyptiens l'appelaient *Khout* (la

MARCHÉ ARABE — ENVIRONS DU CAIRE

brillante). Elle servit de tombeau à *Chéops* (Khoufouï), quatrième dynastie.

La plate-forme du sommet a 9 mètres de côté. De cette place, le panorama qui s'offre à la vue est magnifique. On aperçoit au nord et à l'ouest le désert libyque, espace silencieux s'étendant à l'infini et dont l'aridité même est imposante; à l'est, de vastes plaines verdoyantes où coule le Nil au cours paisible et de nombreux canaux, puis des villages entourés de palmiers, enfin le Caire, dominé par la Citadelle, près de laquelle brille la mosquée sur le versant du Moqattam; au sud, *Memphis*, dont les pyramides s'étendent jusqu'au *Fayoum*. Rien n'est plus impressionnant que ce spectacle à l'heure du coucher du soleil. On songe aux générations disparues qui dorment à jamais sous ces gigantesques monuments, qui datent de six à sept mille ans et qui peut-être dans cent mille ans seront encore pour ceux qui les verront un objet d'admiration.

*
* *

La pyramide de Khêhprên a 137 mètres de hauteur et 210 mètres de largeur à sa base. La partie supérieure est encore recouverte de granit. Elle servit de tombeau à *Khêhprên* (Khâfrî), quatrième dynastie. Les anciens Égyptiens l'appelaient *Ur-t*, c'est-à-dire « la Grande ».

Devant le côté occidental se trouvent deux murs en pierres brutes. Du côté oriental sont les ruines d'un monument qu'on croit avoir été le temple de Khêhprên.

La pyramide de Mykerinos a 66 mètres de hauteur et 150 mètres de largeur à sa base. Elle fut le tombeau de *Mykerinos* (Menkourî), quatrième dynastie. Les anciens Égyptiens l'appelaient *Her* « la Supérieure ». Elle est moins détériorée que les deux précédentes et sa partie inférieure est encore recouverte de granit sur une hauteur de 12 mètres.

En face du côté est existe une chaussée en pierre au bout de laquelle se trouvent les ruines du temple qui fut consacré à *Mykerinos*. Du côté méridional sont trois autres petites pyramides. La pyramide de Mykerinos et les monuments qui l'entourent sont ceints à quelque distance de murs en pierre brute semblables à ceux qui existent du côté occidental de la pyramide de Khêhprên.

A l'est de la pyramide de Chéops il s'en trouve également trois autres très petites qui présentent peu d'intérêt.

Tous ces monuments sont en pierre, sauf quelques pyramides à *Dachour*, au *Fayoum* et à *Thèbes*, qui sont en briques crues. Ce sont tout simplement des tombeaux hermétiquement clos. Il est une pyramide qui se distingue des autres par sa construction. Elle a 6 degrés; si, comme on le suppose, elle a bien été dressée par

Onénéphès, de la première dynastie, c'est le plus ancien monument historique connu.

Parmi les pyramides dont on connaît l'identité il convient encore de citer :

Meïdoum : à 3 degrés; hauteur, 80 mètres environ; tombeau de Snefrou, troisième dynastie; nom hiéroglyphique, *Hha*, « le levant, la fête, le diamètre.

Gisèh : tombeau de *Hent-Sen*, fille de Chéops; la plus méridionale des trois petites pyramides près de celle de Chéops.

Abousir : hauteur, 40 mètres; tombeau de *Sephrès* (sah' ourâ), première dynastie; nom, *Kha-ba*, la résurrection des âmes. »

Abousir (pyramide centrale) tombeau de *Rathourès*, cinquième dynastie; nom, *Men se-tu*, « la plus résistante. »

Saqqarah, tombeau d'*Ounas*, cinquième dynastie.

Mastabat-el-Faraoun; nom, *Nefer se-tu*, « la plus belle place. »

Grâce aux indications de M. Maspero, il est maintenant possible de connaître l'identité exacte de toutes les pyramides de la nécropole de Memphis qui furent élevées jusqu'à la fin de la VIe dynastie par *Snefrou* et ses successeurs.

V

Le *Sphinx* est situé à 500 mètres environ à l'est de la pyramide de Khêhprên. Il représente un lion accroupi à tête humaine. Il est taillé dans un rocher naturel aux irrégularités duquel on a remédié en y adaptant des travaux de maçonnerie. La tête sculptée porte encore les traces de la peinture rouge dont elle fut primitivement recouverte. La hauteur du monument, sans compter la partie inférieure, cachée par l'accumulation des sables, est de 19^{m},80; la face, en partie mutilée, est de 9 mètres depuis le menton jusqu'au sommet du front; sa largeur est de 4^{m},15; l'œil a 1^{m},40; la bouche, 2^{m},32; le nez, 1^{m},79; l'oreille, 1^{m},97; la longueur totale du corps est de 63^{m},50.

D'après les inscriptions que porte cette œuvre colossale, on a acquis la certitude qu'elle existait déjà au temps de Chéops, qui l'a restaurée. L'époque de son érection est donc excessivement reculée, mais on n'a pu, jusqu'ici, la fixer. On ignore également quelle fut sa destination.

Écoutons ce qu'en dit Ampère :

« Cette grande figure mutilée est d'un effet prodigieux; c'est comme une apparition éternelle. Le fantôme de pierre paraît attentif; on dirait qu'il entend et qu'il regarde. Sa grande oreille semble recueillir les bruits du passé; ses yeux tournés vers l'Orient semblent épier l'avenir; le regard a une profondeur et une vérité qui fascinent le spectateur. Sur cette figure, moitié statue, moitié montagne, on découvre une majesté singulière, une grande sérénité et même une grande douceur. »

A peu de distance du Sphinx se trouve un monument appelé généralement le temple du Sphinx. Deux matières seulement ont servi à le construire : le granit et l'albâtre. Il est rectangulaire et ouvert à sa partie supérieure. Des piliers carrés le divisent intérieurement en trois parties; les blocs de granit qui les supportent sont de dimensions prodigieuses : un d'entre eux a 6 mètres de longueur sur 3m,50 de largeur. On attribue au temple

CIMETIÈRE MUSULMAN

de granit la même origine qu'au Sphinx. Il est probable que jamais on ne pénétrera le mystère de ces énigmes.

VI

Le plateau où se trouvent les pyramides est rempli de monuments tumulaires des plus différentes époques. Plusieurs excavations pratiquées dans les rochers escarpés du côté oriental du plateau servent d'abri aux voyageurs qui passent la nuit dans le désert. La plus intéressante est le *Tombeau des Nombres*. Elle porte une curieuse énumération des chèvres, ânes, etc., qui sont amenés devant les scribes pour être enregistrés comme appartenant au défunt, nommé *Kahfra-Ankh*.

A peu de distance du Sphinx s'élève un monument désigné par le nom de *tombe de Combell*. C'est une grande excavation rectangulaire creusée dans le roc à 16 mètres de profondeur; elle a 9^{m},30 sur 8 mètres de côté. Elle est entourée d'une tranchée de 20^{m},70 sur 22^{m},25 de profondeur, laquelle communique par un passage ménagé dans la paroi ouest avec la partie centrale. Dans l'intérieur des murs sont pratiquées des niches contenant des sarcophages. Un cercueil en basalte noir de forme humaine est couché au fond sur le sol.

Au bord du plateau, du côté sud, il existe un groupe de tombeaux. Le mieux conservé d'entre eux est celui d'*Ouerkhoun*, pro-

TYPES ARABES DU CAIRE

phète de la pyramide de Mykerinos. Il s'y trouve des scènes de navigation et deux grandes images sculptées.

Non loin de là, à l'ouest de ces tombeaux, on distingue encore des traces de la chaussée qui conduit à la troisième pyramide.

En revenant vers le nord-ouest, on découvre dans un escarpement des tombes remontant à la IVe et à la Ve dynastie. En parcourant la quatrième chambre du sud au nord, on peut voir sur les parois de curieux dessins représentant des conducteurs d'animaux, des musiciens, des danseurs; sur la dernière du même groupe, sont reproduits des travaux champêtres et des scènes de chasse ainsi que des souffleurs de verre.

Du côté de la face occidentale de la pyramide de Khêhprên, dans le rocher taillé à pic, existe une rangée de tombeaux; le plus remarquable est celui dont le plafond est taillé en forme de troncs de palmiers afin d'imiter les solives juxtaposées.

A l'ouest de la grande pyramide sont disposées symétriquement des tombes appartenant exclusivement aux onze premières dynasties. L'entrée est toujours à l'est. Certaines peintures ont conservé un éclat étonnant. On peut y admirer des scènes de chasse, de labourage, de vendange, de travaux agricoles, etc., etc.

Devant la face méridionale de la pyramide de Chéops, un groupe de tombeaux montre également d'intéressantes sculptures.

***

A huit kilomètres environ du plateau de Gisèh, au nord-ouest, subsistent les ruines de la pyramide d'*Abou-Rouch*, ainsi nommée à cause de la présence dans le voisinage du tombeau d'un scheikh de ce nom. Sa dégradation est telle qu'on lui assigne un âge bien plus considérable que celui de celles de Gisèh. Elle mesure à sa base 98 mètres. Cinq ou six assises parmi les débris qui couvrent le sol et une chambre sépulcrale creusée dans le roc : voilà tout ce qui reste de cet antique monument.

En revenant vers le sud-est, on trouve, non loin du village de Menchîeh-Bakari, deux ponts de pierre dus aux khalifes Naser-Mohammed et El-Achraf, aux treizième et quinzième siècles.

VII

C'est aujourd'hui le petit village de *Mit-Rahineh* qui occupe une partie de l'emplacement de l'ancienne ville de Memphis. Il faut, pour s'y rendre du Caire, prendre le chemin de fer de la haute Égypte jusqu'à la première station, à vingt-trois kilomètres; de là on suit un chemin qui, passant à travers les terres, conduit vers l'ouest.

Tout ce qui reste actuellement de Memphis, « la plus ancienne capitale de l'Égypte et du monde peut-être ! » consiste en quelques monticules de terre, quelques morceaux informes de pierre, quelques statues mutilées parmi des pans de briques retournant en poussière. — « Là où le bruit de la fourmilière humaine ne s'est pas arrêté pendant des milliers d'années, tandis que tout dormait ailleurs, règne aujourd'hui le silence d'un monde primitif. »

Ce qui attire surtout l'attention des étrangers, c'est une immense statue couchée sur le sol, près d'une monticule situé au sud-est du village de Mit Rahîneh; cette statue représente Ramsès II, ainsi que l'indique l'inscription suivante : « *Ramisès-Meiamoun, dieu-soleil, gardien de la vérité, approuvé du soleil.* » La figure est belle, exprime la finesse et la douceur et est empreinte d'une certaine majesté. Le monument mesure 10^{m},30 de haut; il a été taillé dans un bloc de calcaire siliceux. A peu de distance, on voit encore, près d'un autre monticule nommé *Tell-Menf*, les restes de l'immense enceinte de briques qui entourait les édifices sacrés et, suppose-t-on, la demeure du taureau Apis, élevé par Ménès, et à la porte de laquelle devait se dresser la statue de Ramsès II. Non loin de cette place gît également, près d'un temple ruiné, une autre reproduction colossale en granit rose de ce même pharaon. A quelques mètres au sud une grande stèle de calcaire blanc est couchée sur le dos; elle est contemporaine d'Apries (Ouhabrâ, XXVIe dynastie). Une dépression marque l'endroit où était le lac sacré du temple de Phtah, la demeure du bœuf Apis.

***

Le nom du village actuel de Saqqarah sert à désigner la partie centrale de la nécropole de Memphis. Autrefois, les tombes de Saqqarah formaient de véritables rues, voire même des carrefours et des places. De tout cela, rien aujourd'hui ne subsiste plus que des ruines. Le sable a presque complètement dissimulé les tombes. A présent les murs sont ébréchés, les puits sont restés béants, les os des momies couvrent le sol de distance en distance, mêlés à des débris de briques et de poteries. Le désordre est complet. On reconnaît toutefois que les tombes anciennes sont en plus grand nombre que les autres, ce qui fait admettre que comme celle de Gisèh la nécropole de Saqqarah appartient à l'ancien empire.

Parmi les pyramides de Saqqarah, qui sont au nombre de dix, la plus intéressante est celle appelée : pyramide à degrés, qui a 120 mètres sur les faces est et ouest, et 107 mètres sur les faces nord et sud; elle n'est donc pas carrée, et de plus elle n'est pas orientée : son axe dévie de plus de quatre degrés vers l'est; elle se compose de six gradins étagés sur une hauteur de 65 mètres. Il n'existe pas au monde d'édifice plus vieux. On suppose que sa construction remonte à environ 4,800 ans avant J.-C. Elle a deux entrées, au nord et au sud, qui se trouvent obstruées par les éboulements. Dans son axe, au point central où aboutissent tous les chemins, est placée une chambre de 20 pieds de large sur 80 de haut. La masse de la pyramide est pleine : trente caveaux y sont creusés dans le roc. Leur entrée est à quelques mètres dans les sables.

***

« Le *Sérapéum* (1) de Memphis a été découvert en 1850 par M. Mariette. Le déblaiement du Sérapéum a produit 7,000 monu-

(1) Le *Sérapéum* est une construction des Ptolémées : c'était un temple d'Osiris-Apis (Serapis). Sous ce nom les Egyptiens honoraient le dieu ou phtah qui

ments, parmi lesquels 3,000 sont relatifs au culte des dieux. Quatre tombes d'Apis furent seules trouvées intactes parmi les soixante-quatre reconnues dans les hypogées. Les sables ont déjà recouvert toutes ses approches, ainsi que l'avenue des Sphinx qui y conduisait. L'hypogée comprend deux immenses souterrains. Le premier a son entrée au sud et se compose d'une galerie sur laquelle s'ouvrent une vingtaine de chambres (de la XIXe à la XXVIe dynastie), avec des sarcophages et environ 1,200 stèles gravées. Le second, le seul que l'on visite aujourd'hui, a son entrée à l'est. On y pénètre par une porte basse au fond d'une tranchée. Presque à l'entrée, le couloir est en partie obstrué par le grand sarcophage de granit. A droite et à gauche des galeries s'ouvrent des chambres voûtées qui contiennent 24 sarcophages monolithes en beau granit de Syène. La longueur du souterrain est de 195 mètres. D'autres tombeaux d'Apis existent dans le voisinage de ce double hypogée, du côté sud. La découverte du Sérapéum fit reconnaître avec certitude l'emplacement exact de Memphis, dont le nom et le souvenir même étaient tombés dans un état d'oubli si profond, que les voyageurs des trois derniers siècles n'avaient pu en retrouver les traces (1). »

S. Ferraud.

siégeait aux enfers et présidait aux résurrections. Ptolémée voulut consacrer également le Serapeum à Pluton, dieu des Grecs, habitant l'Hadès. Le roi d'Égypte espérait de cette façon opérer la fusion entre la religion égyptienne et la religion grecque. Ce projet échoua. Le Serapeum servit aussi de bibliothèque : il possédait 300,000 volumes.

(1) *Le Caire et ses environs*, par M. H. de Vaujany. (Librairie Plon.)

FONTAINE DE LA MOSQUÉE DE HASSAN

www.ingramcontent.com/pod-product-compliance
Ingram Content Group UK Ltd.
Pitfield, Milton Keynes, MK11 3LW, UK
UKHW012125240726
13965UKWH00005B/1976